Las lunas

William B. Rice

Asesora

JoBea Holt, Ph.D.
The Climate Project
Nashville, Tennessee

Créditos

Dona Herweck Rice, *Gerente de redacción*; Lee Aucoin, *Directora creativa*; Don Tran, *Gerente de diseño y producción;* Timothy J. Bradley, *Gerente de ilustraciones*; Conni Medina, M.A.Ed., *Directora editorial*; Katie Das, *Editora asociada*; Neri Garcia, *Diseñador superior*; Stephanie Reid, *Editora fotográfica*; Rachelle Cracchiolo, M.S.Ed., *Editora comercial*

Créditos fotográficos

portada Gregor Kervina/Shutterstock; p.1 Gregor Kervina/Shutterstock; p.4 Media Union/Shutterstock; p.5 (arriba) Noam Armonn/Shutterstock, (abajo) NASA; p.6 Hugo Silveirinha Felix/Shutterstock; p.7 NASA; p.8 Stephanie Lirette/Shutterstock; p.9 Media Union/Shutterstock; p.10 Konstantin Sutyagin/Shutterstock; p.11 Thorsten Rust/Shutterstock; p.12 Vetrova/Shutterstock; p.13 Dannyphoto80/Dreamstime; p.14 NASA; p.15 (arriba) Filip Fuxa/Shutterstock, (abajo) NASA; p.16 NASA; p.17 NASA; p.18 Hemera Technologies/Jupiterimages; p.19 NASA/Kennedy Space Center; p.20 NASA; p.21 NASA/JPL/DLR; p.22 NASA; p.23 AFP/Getty Images/Newscom; p.24 NASA; p.25 AFP/Newscom; p.26 Hugo Silveirinha Felix/Shutterstock; p.27 Bruce Rolff/Shutterstock; p.28 Rocket400 Studio/Shutterstock; p.29 Karen Lowe; p.32 KRT/Newscom

Teacher Created Materials
5301 Oceanus Drive
Huntington Beach, CA 92649-1030
http://www.tcmpub.com

ISBN 978-1-4333-2596-0

Tabla de contenido

¡A la luna!

¿Cómo es la luna? La gente se lo había preguntado a través del tiempo. En 1969, descubrimos cómo es. En ese año aterrizó en la luna la primera nave espacial con un grupo de personas. Un hombre llamado Neil Armstrong pisó la luna por primera vez.

¡Sólo pregunta!

Cuando el ser humano llegó a la luna por primera vez, fue un día muy importante. Pregúntale a tu abuela, a tu abuelo o a un adulto mayor que te cuente acerca de ese día.

Neil Armstrong fue el primer hombre en pisar la luna.

La luna de la Tierra

La luna de la Tierra es un lugar maravilloso. Tiene montañas y valles. Tiene grandes agujeros llamados **cráteres**. Incluso hay un poco de agua en la luna. ¡También hay volcanes! Pero no creemos que haya seres vivos allí.

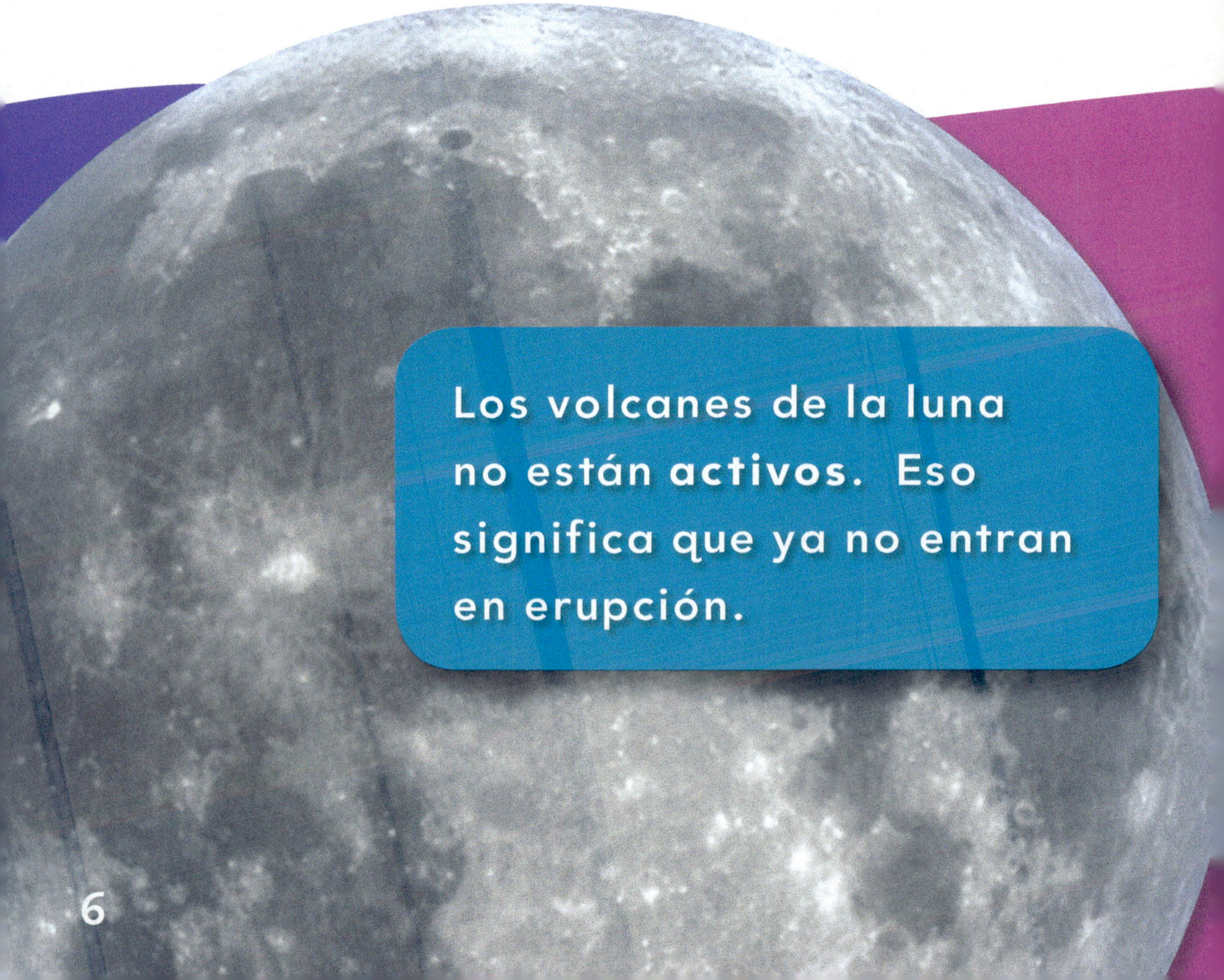

Los volcanes de la luna no están activos. Eso significa que ya no entran en erupción.

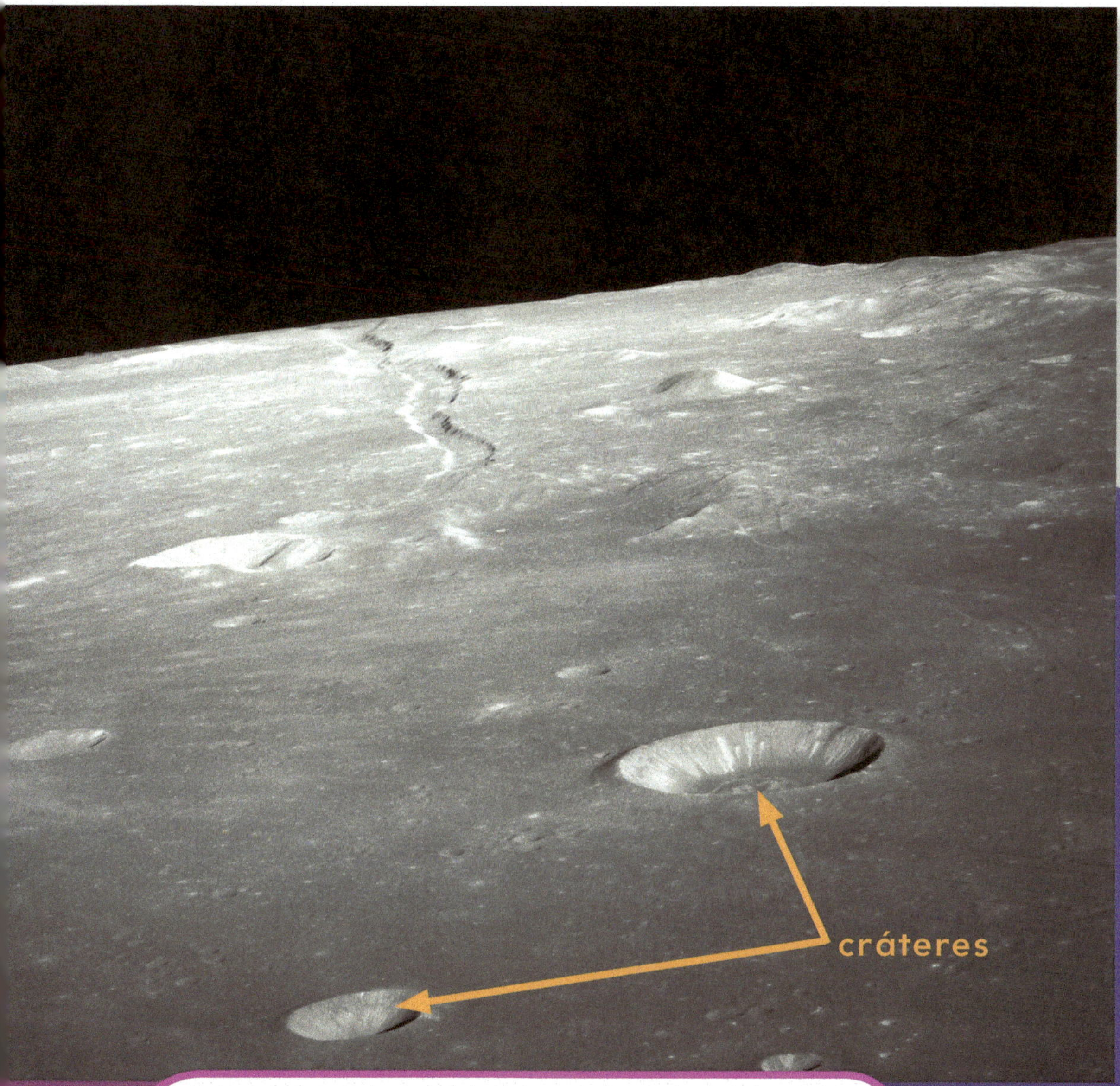

Unas rocas que se estrellaron contra la luna produjeron los cráteres.

La luna de la Tierra es grande. Pero no es tan grande como la Tierra. En la Tierra cabrían unas cuatro lunas.

Poema de la luna

¿Conoces este poema sobre la luna?

Eh, chin, chin,
El gato y el violín,
La vaca por la luna saltó.
El perrito se rió al ver la diversión,
Y el plato con la cuchara se escapó.

Cuando miras la luna y el sol en el cielo, ambos parecen ser del mismo tamaño. Pero el sol es muchísimo más grande. El sol está muchísimo más lejano que la luna. Por eso parece más pequeño de lo que es.

La luna es muy pequeña en comparación con el sol.

La luna es redonda como la Tierra. Pero no siempre se ve redonda. La luna se mueve en el cielo alrededor de la Tierra. La luna tarda aproximadamente treinta días en completar un giro.

luna llena

La Tierra y la luna también se mueven alrededor del sol. A medida que se mueven, quizás veamos sólo una parte de la luna desde la Tierra. Por eso parece que la luna tiene diferentes formas.

la luna desde el espacio

Esto es lo que sucede: a medida que la luna se mueve, distintas partes de ella quedan frente al sol. Cuando la parte de la luna que vemos está al sol, la llamamos luna llena. Cuando la parte de la luna que vemos está lejos del sol, la llamamos luna nueva. Cuando parece que a la luna le dieron un gran mordisco, la llamamos **cuarto creciente**.

cuarto creciente

Cuando hay luna nueva, la parte de la luna que está lejos de la Tierra está iluminada. Ésa es la parte que está frente al sol.

La luna es muy dura y rocosa. Neil Armstrong y otras personas trajeron rocas de la luna. Algunas de ellas son **pálidas**. Por eso **reflejan** tan bien la luz del sol. En el cielo, la luna parece brillar porque refleja la luz del sol.

¡Algunos creen que la luna está compuesta por rocas que alguna vez formaron parte de la Tierra!

A veces la luna se ve tan grande en el cielo que creemos que está muy cerca de la Tierra. Pero en realidad está lejana. La luna está a unos 385,000 **kilómetros** de la Tierra. ¿Qué tan lejos es eso? Si se pudiera viajar a la luna en auto, ¡tomaría unos cinco meses llegar allí!

Esta nave espacial se prepara para un **alunizaje**.

Una nave espacial puede llegar a la luna en aproximadamente tres días.

En la Tierra, la luna parece moverse por el cielo del este al oeste. La luna puede verse mejor de noche. ¡Pero a veces también podemos verla de día!

Así es cómo se ve la luna desde la Tierra.

Así es cómo se ve la Tierra desde la luna.

Muchas lunas

¿Sabías que la luna que vemos desde la Tierra no es la única luna que existe? La mayoría de los planetas tiene sus propias lunas.

¿Qué diferencia hay entre los planetas y las lunas? Los planetas se mueven alrededor del sol. Las lunas se mueven alrededor de los planetas.

Éste es el planeta Saturno y algunas de sus lunas.

Éste es el planeta Júpiter y cuatro de sus lunas.

El planeta Mercurio no tiene lunas. El planeta Venus tampoco tiene lunas. ¡Pero es posible que Saturno y Júpiter tengan más de 60 lunas cada uno! Es difícil saber cuántas lunas tiene cada planeta. ¡Los científicos siguen descubriendo nuevas lunas!

Io, una de las lunas de Júpiter

Algunas lunas son pequeñas y es difícil verlas. Algunas lunas están muy lejos. Pero creemos que hay unas 140 lunas alrededor de los planetas de nuestro sistema solar.

Titán, una de las lunas de Saturno

La luna más grande que conocemos pertenece a Júpiter. Se llama Ganímedes. ¡Ganímedes es más grande que el planeta Mercurio!

Júpiter y algunas de sus lunas

Ganímedes

Más grande de lo que pensamos

En el espacio, hay **miles de millones** de lunas. Eso se debe a que también existen miles de millones de planetas. Muchos de esos planetas tienen lunas.

¡El espacio es más grande de lo que creemos! La luna de la Tierra es apenas una parte muy pequeña del espacio.

Laboratorio de ciencias: ¡Sé un explorador espacial!

Las lunas, los asteroides y los cometas son sólo algunas de las cosas que se mueven en el espacio. Los científicos estudian todas esas cosas. Una forma de aprender sobre ellas es observarlas.

Puedes ser un explorador espacial si observas la luna.

Materiales:

- papel
- crayones o marcadores
- la luna de noche

Procedimiento:

1. Toma un trozo de papel y dibuja sie casilleros. Escrib los números del 1 7 en los casilleros como indica el dibujo.

2 Cuando oscurezca, sal de casa con un adulto y observa la luna. ¿Qué ves?

3 Dibuja lo que ves en el primer casillero del papel.

4 A la misma hora de la noche siguiente, haz lo mismo. Dibuja lo que ves en el segundo casillero.

5 Haz lo mismo a la misma hora durante siete noches.

6 Luego de siete noches, observa tus dibujos. ¿Qué te indican sobre la luna?

Glosario

activo—que ocurre ahora

alunizaje—aterrizaje en la superficie de la luna

cráter—gran orificio o hendidura

cuarto creciente—forma de media luna, como una sonrisa

kilómetros—medida de distancia

miles de millones—más de 1,000,000,000

pálidas—claras

reflejar—arrojar o devolver luz desde una superficie

Índice

Una científica actual

Mae Jemison era astronauta. Viajaba al espacio para descubrir cosas sobre todo lo que se encuentra allí. Ella cree que los mejores científicos formulan preguntas todo el tiempo. Actualmente, Mae enseña a los alumnos a ser científicos.